契丹佛光

辽上京皇城西山坡佛寺塔基出土泥塑

中国社会科学院考古研究所
内蒙古自治区文物考古研究院
编著

文物出版社

图书在版编目（CIP）数据

契丹佛光：辽上京皇城西山坡佛寺塔基出土泥塑 / 中国社会科学院考古研究所，内蒙古自治区文物考古研究院编著. — 北京：文物出版社，2024.11
ISBN 978-7-5010-8276-6

Ⅰ. ①契… Ⅱ. ①中… ②内… Ⅲ. ①罗汉—泥塑—佛像—中国—图集 Ⅳ. ①B949.92-64

中国国家版本馆CIP数据核字（2023）第227896号

契丹佛光

辽上京皇城西山坡佛寺塔基出土泥塑

编　　著　中国社会科学院考古研究所
　　　　　内蒙古自治区文物考古研究院
责任编辑　郑　彤
责任印制　张　丽
书名题签　汪　盈

出版发行　文物出版社
社　　址　北京市东城区东直门内北小街2号楼
邮　　编　100007
网　　址　http://www.wenwu.com
邮　　箱　wenwu1957@126.com
经　　销　新华书店
制版印刷　天津裕同印刷有限公司
开　　本　889mm×1194mm　1/16
印　　张　8
版　　次　2024年11月第1版
印　　次　2024年11月第1次印刷
书　　号　ISBN 978-7-5010-8276-6
定　　价　220.00元

编　委

契丹佛光

辽上京皇城西山坡佛寺塔基出土泥塑

目　录

其他泥塑人像

泥塑动物

泥塑塔

其　他

辽上京皇城西山坡佛寺遗址考古工作概况

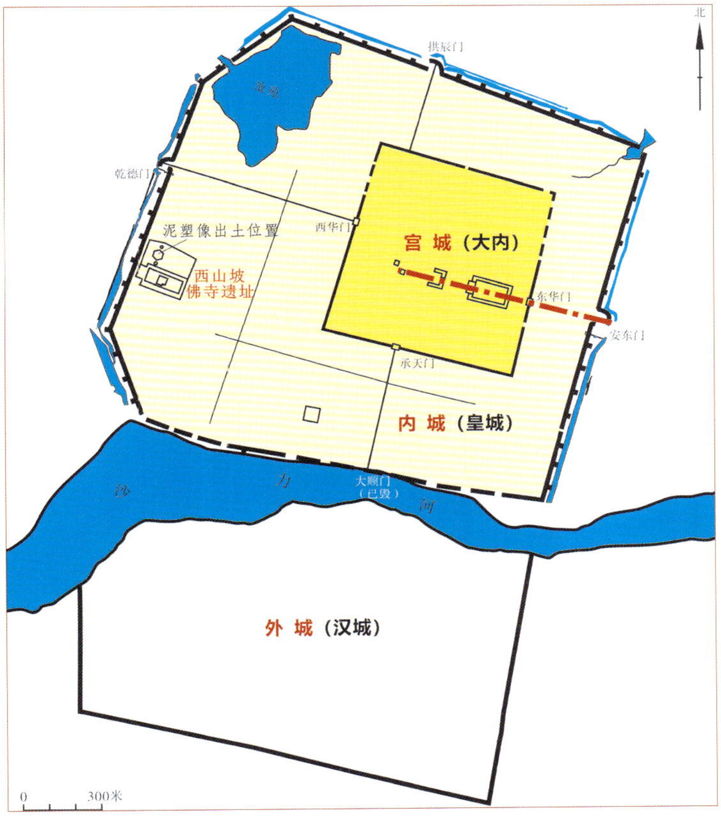

辽代是由契丹民族创建、汉人占多数的多民族王朝。辽代的政治理念和都城制度都对后世，尤其是对金、元、清三代产生了深远影响。因此，辽代都城考古一直是备受关注的研究课题。辽代一共建有五京，其中，辽上京是辽代五京中营建最早、地位最为重要的都城。

辽上京遗址位于内蒙古自治区赤峰市巴林左旗林东镇，是我国目前保存最为完好的古代都城遗址之一（图一）。辽上京城址由北部的皇城和南部的汉城并列组成，总面积约 5 平方千米。皇城是契丹统治者和贵族的政治中心和居住之所，汉城主要分布汉人、渤海和回鹘人等其他民族的民居、作坊和馆驿等。其中，位于北部的皇城遗址保存较好，平面近方形。皇城城墙由夯土筑成，间隔设置凸出城墙的马面，墙外有壕沟（图二）。

图一 辽上京城址平面图

图二 辽上京遗址航拍（上为东）

1961 年，辽上京遗址被公布为全国第一批重点文物保护单位。在老一辈学者的考古工作基础上，中国社会科学院考古研究所和内蒙古自治区文物考古研究所联合组成辽上京考古队，自 2011 年开始对辽上京遗址进行系统的考古发掘和研究。

图三 辽上京皇城西山坡遗址航拍（下为东）

一 西山坡遗址考古发掘概况

西山坡遗址是位于辽上京皇城西部地势高点的一处规模宏大的东向建筑群。西山坡遗址的建筑时代和建筑性质是辽上京城址研究中一个引人关注的问题。根据地表遗迹，西山坡遗址由多路东向的建筑院落组成（图三）。其核心建筑位于西山坡制高点，可分为北院和南院，两侧还有附属院落。南院以佛殿为中心，中轴线上从东到西依次布置山门、中殿和后殿。北院以佛塔为中心，三座佛塔位于院落后部（西部），中间为大塔（编号为一号塔基），两侧各有一座小型六边形塔基（图四）。

为了解辽上京城的布局和沿革，推进对辽上京城大遗址的有效保护，2012 年 7 ～ 10 月，辽上京考古队对皇城西山坡遗址北院一号塔基等遗址进行了考古发掘，取得重要收获。

图四 辽上京皇城西山坡佛寺遗址 2012 年发掘（下为东）

二 | 一号塔基的形制结构

一号塔基是一座六角形砖构木回廊佛塔基址，由夯土台基和塔身两部分组成（图五）。

台基平面呈六角形，由夯土、包砖、砖铺散水、东侧月台和西侧踏道组成。夯土台基西侧直接在基岩面上分层夯筑，东部有夯土基槽。台基边长约20米，对角直径约40米，总高约2米。六壁最外砌单层包边砖，磨砖对缝，抹白灰皮。夯土与包边砖之间，采取夯土层间加砌平铺断

图五 一号塔基局部（由西向东摄）

砖的做法。东侧台基外侧遗迹残损严重，推测原有包砖的夯土月台，南北两侧设踏道登临。月台夯土下叠压有残损的砖砌涵洞和象眼，应是较早修筑的慢道遗存。在西侧台基外做包砖的夯土斜坡慢道，南壁尚存砖砌象眼。台基和月台、慢道的包砖外，均做单行砖散水。

台基之上的塔身部分，现存柱础、墙体、白灰墙皮、石条、地面铺砖以及砖痕等遗迹，建筑底层平面结构保存较好。塔身平面呈六角形，用柱三周，每面三间。这三圈柱网及墙体，由内到外将台面上的空间分为内部砖构、木构回廊、台明三部分。

内圈为砖构塔身。内圈柱础嵌于夯土台面内，当心间柱心距5米，两梢间柱心距1.6米。柱础为不规则平石础。石柱为打磨不规则的棱柱体，完全被包砌在砖构墙体内。砖墙外壁抹白灰皮。由此可知，台上建筑的内部底层为六角形砖构实体。塔体内正中设一六角形中室。中室东侧被扰坑破坏，西侧不与后室相通。塔体东、西各设甬道，通向楼梯。西侧楼梯间铺砖地面

上残存八角形石经幢残件一个。塔身底部作平铺石条。石条打磨不规则，四周抹灰砌侧立砖，是塔体砖构底部不露明的基础部分。

外圈和中圈柱础之间形成木构回廊，宽度约 5.3 米。两圈柱础当心间对缝，面阔 5 米；梢间中圈宽 2 米，外圈宽 5 米。均为覆盆柱础，有素面、莲瓣纹饰和动物纹饰三类。部分柱础上有打破雕花纹饰的榫口，可知修建时柱础利用了旧物。外圈柱础石下面发现有对位的承础石，中圈未见。柱础上原均立木柱，现仅存木炭痕迹。墙体结构均为单层土坯墙外砌单层砖墙，回廊内地面铺砖。

外圈墙外为台明部分，地面铺砖，现基台边缘铺砖及夯土均已损毁，复原宽约 5 米。

根据出土遗迹和遗物推定，一号塔基始建于辽代，至少进行过两次大规模修筑，金代以后才逐渐废弃。

三 泥塑像出土概况

泥塑像主要出土于一号塔基的倒塌堆积层。较为完整的泥塑像集中出土于塔基木构回廊铺砖地面之上（图六）。在回廊内侧的中圈柱础一周，发现几处砖砌泥塑像座址。因此可确认，一层回廊内曾塑有大量泥塑像。出土泥塑像主要包括罗汉、供养人以及相关佛教题材。出土泥塑像正在进一步拼对、修复和整理研究中。

四 学术意义

辽上京西山坡佛寺遗址是迄今为止发掘规模最大的辽金佛教寺院遗址。根据考古发现的遗迹和遗物，可以确认该遗址在都城中位置显赫，规模宏大，是一处辽代始建、经过辽金两代多次大规模改建、金代晚期才废弃的佛教寺院遗址。

一号塔基为大型六角楼阁式砖塔，居于北院后部正中，左右两侧对称分布中型六角砖塔，寺院布局在辽金佛寺中颇为少见。一号塔基以木回廊环绕砖构塔身的建筑结构，在辽金佛塔中尤显特殊。塔基出土的泥塑像保存良好，数量庞大，题材丰富，技艺精湛，是难得的考古发掘出土的辽金时期泥塑精品。

辽上京西山坡佛寺遗址的考古发掘成果，对于认识辽代都城和金代地方城的形制布局、规划理念将产生重要影响，也为研究辽金时期考古、历史、佛教、建筑和塑像等方面提供了珍贵的实物资料。

附记：图二、图三均引自中国历史博物馆遥感与航空摄影考古中心、内蒙古自治区文物考古研究所编著《内蒙古东南部航空摄影考古报告》，科学出版社，2002年。

图六 一号塔基泥塑出土情况

契丹佛光

辽上京皇城西山坡佛寺塔基出土泥塑

泥塑罗汉像

立像

泥塑罗汉立像（YT1Q4④b：576），通体彩绘。中老年男子形象，头戴风帽，身着袈裟，目光低垂，表情严肃，含胸而立，双臂向前垂拢。脖颈、双手和袈裟下摆均残损。残高101、宽40厘米。

坐像

泥塑罗汉坐像（YT1Q4④b：577），通体彩绘。人物身着袈裟，弓背探头，双目凝视前方。面部和左耳残损，双手和下半身残缺。残高57、残宽44厘米。

辽上京皇城西山坡佛寺塔基出土泥塑

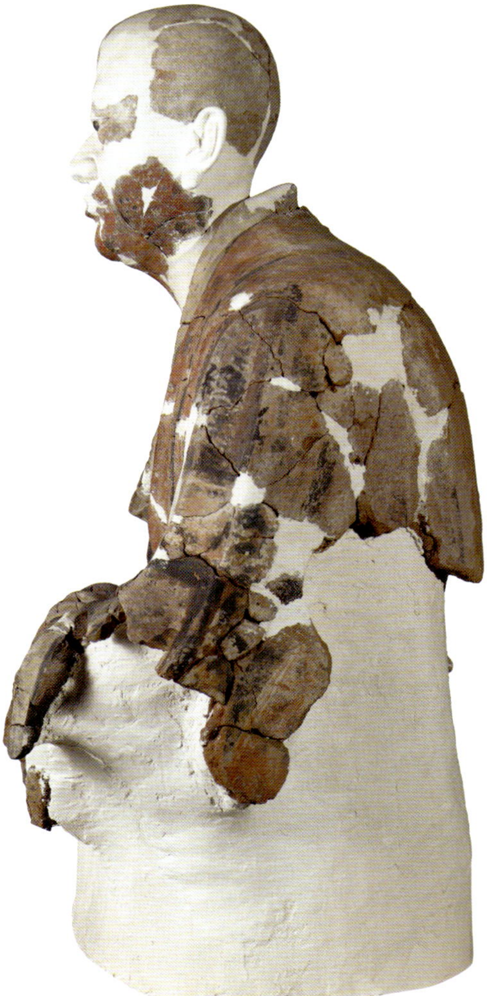

坐像

泥塑罗汉坐像（YT1Q4④b：578），通体彩绘。身着袈裟，抬头右视，盘腿端坐，双臂前置于膝上。人物容貌清癯，目光睿智，双唇紧闭，似在聆听，又像在凝神思考。面部和左耳、胸部残损，左手和膝部以下残缺。残高60、残宽51厘米。

坐像

辽上京皇城西山坡佛寺塔基出土泥塑

泥塑罗汉坐像（YT1Q4④b：589），素面无彩。为一年长老者，慈眉善目，面带微笑，身着袒右袈裟，弓背探头，双臂垂于膝上，头微左倾，正在侃侃而谈。人物线条简洁生动，神态逼真，堪称泥塑中的精品。面部微残，双手、前胸和膝以下残缺。高63、宽45厘米。

辽上京皇城西山坡佛寺
塔基出土泥塑

半身残像

泥塑罗汉半身残像（YT1Q4④b：590），素面无彩。人物身着通肩袈裟，背部微弓，目光低垂，表情严肃。面部微残，右肩臂、腰腹部以下残缺。残高63、残宽38厘米。

辽上京皇城西山坡佛寺塔基出土泥塑

半身残像

泥塑罗汉半身残像（YT1Q4④b：575），素面。人物身着袈裟，面容清癯，胸部肋骨隐约可见，抬头抿嘴，目光坚定。面部和双耳略有残损，腹部以下残缺。残高59、残宽42厘米。

辽上京皇城西山坡佛寺
塔基出土泥塑

头像

泥塑罗汉头像（YT1Q4④b：443），彩绘，灰白色底，土红色面，红彩多脱落。大眼高鼻，面部轮廓清晰，眉间有竖纹，作深思状。双耳缺失。残高20.3、残宽13.2厘米。

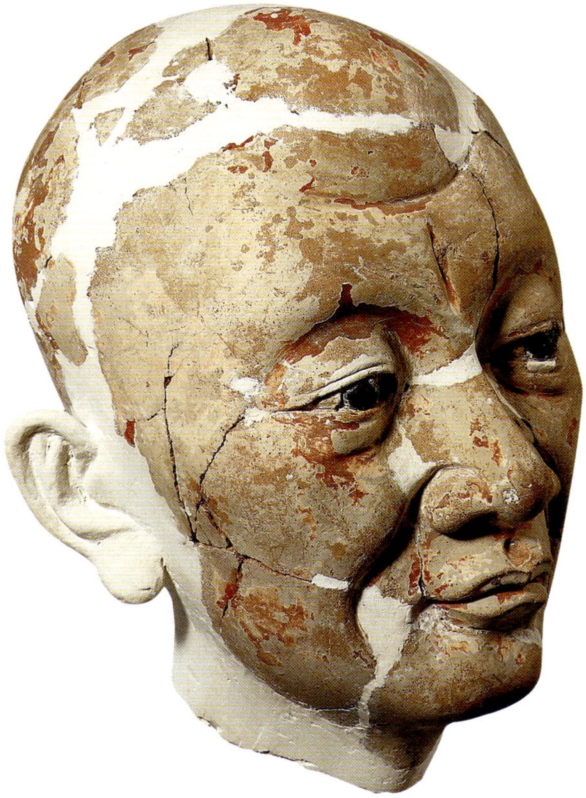

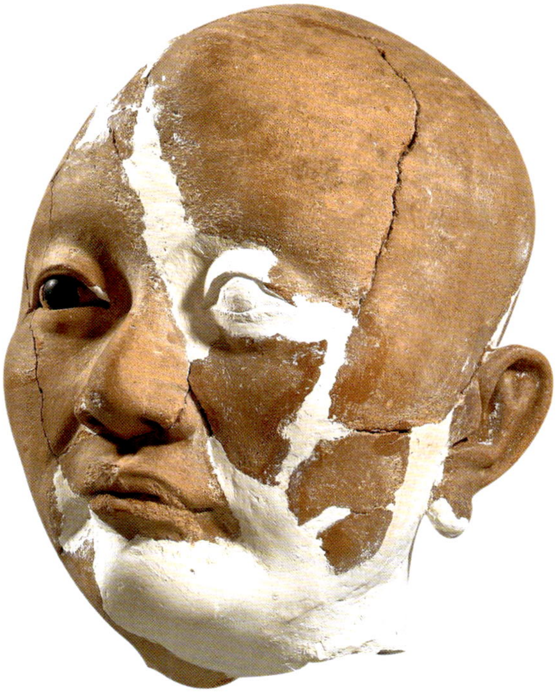

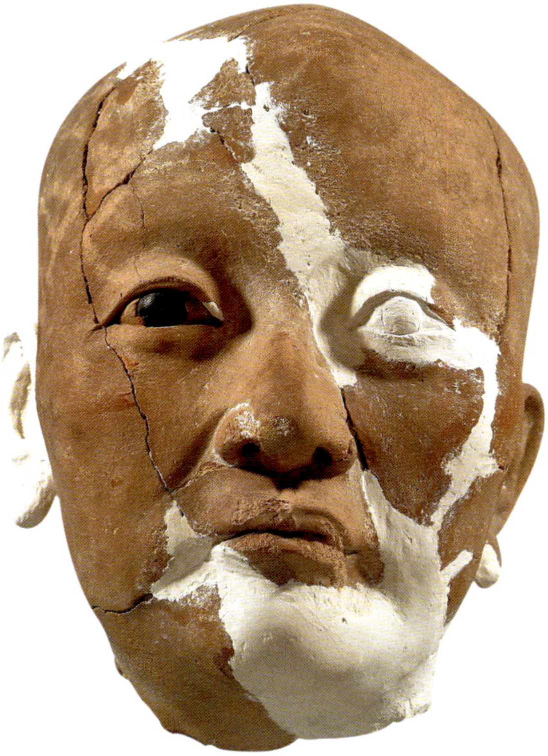

头像

泥塑罗汉头像（TG2④b：137），素面无彩，右脑局部呈灰黑色。大眼睛，高颧骨，下颌内收，目光炯炯。左眼、右耳缺失，下颌较残。残高18.7、残宽12.5厘米。

头像

泥塑罗汉头像（YT1Q1④b：199），素面无彩。天庭饱满，面相丰满圆润，头微上扬，满脸笑容，显得憨厚朴实。左眼和右颊残缺，后脑下部缺失。残高18.3、残宽13.1厘米。

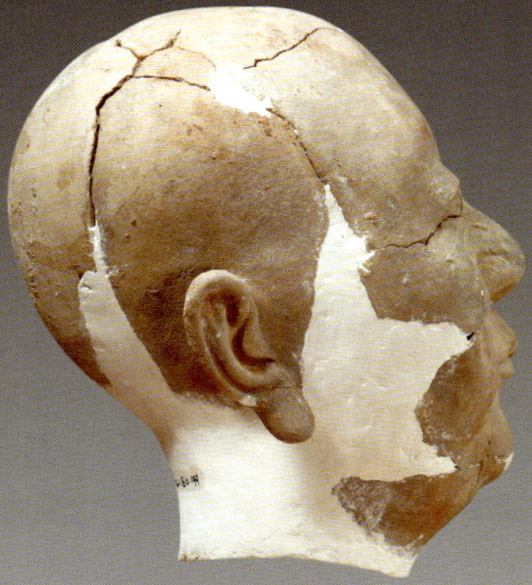

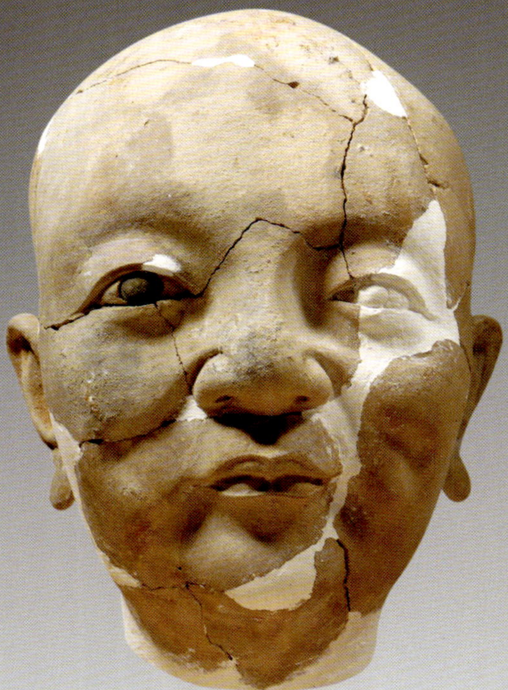

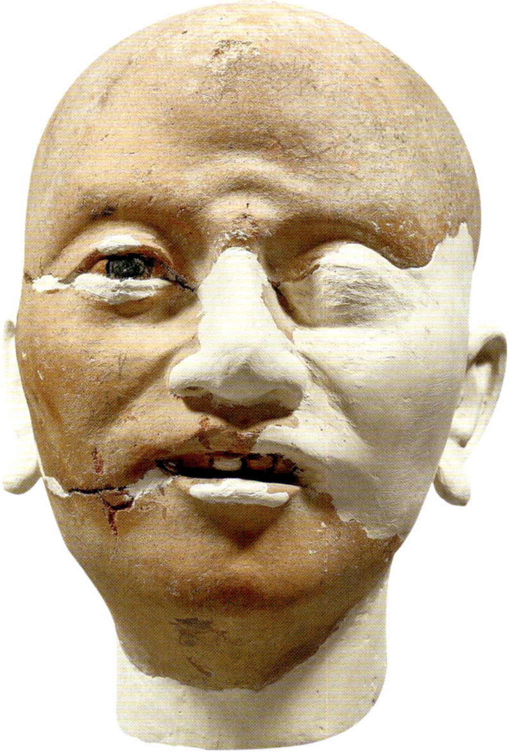

头像

泥塑罗汉头像（YT1Q4④b：9），彩绘，白色底，肉色面，大部分已脱落。五官硬朗，眉弓较高，两眉之间有凸起，嘴微张，目视前方。鼻尖向左至后脑残缺，双耳缺失。残高19、残宽11.9厘米。

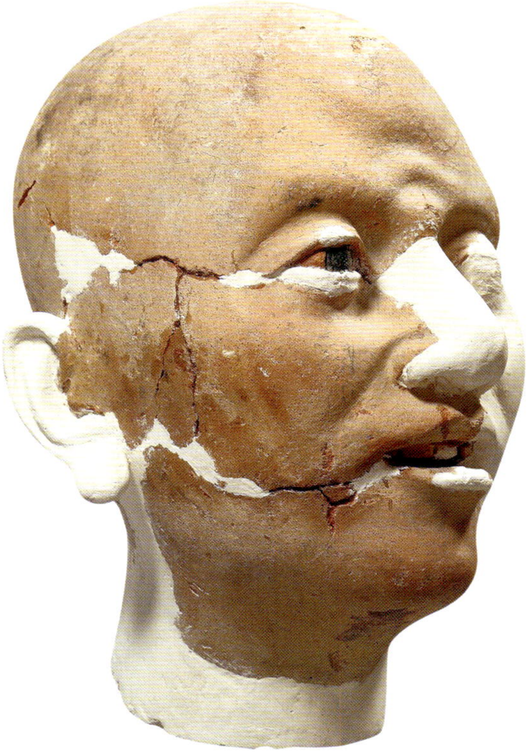

头像

泥塑罗汉头像（YT1Q4④b：300），素面无彩。表情凝重，眼角下垂，眼袋明显，头偏向左侧。左耳、鼻尖、右眼及后脑残缺。残高 21.6、残宽 12.6 厘米。

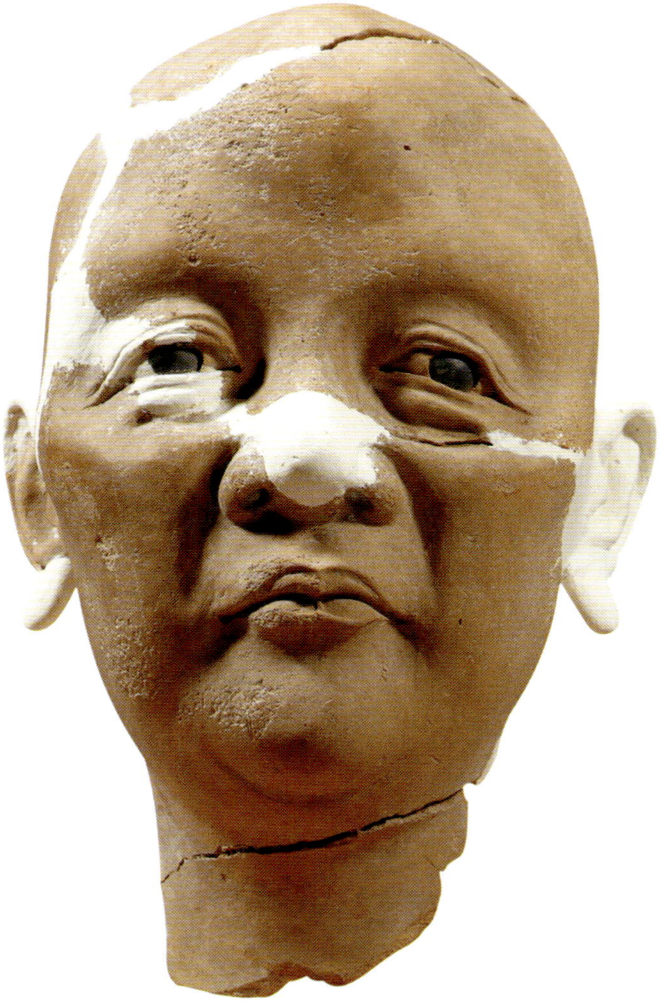

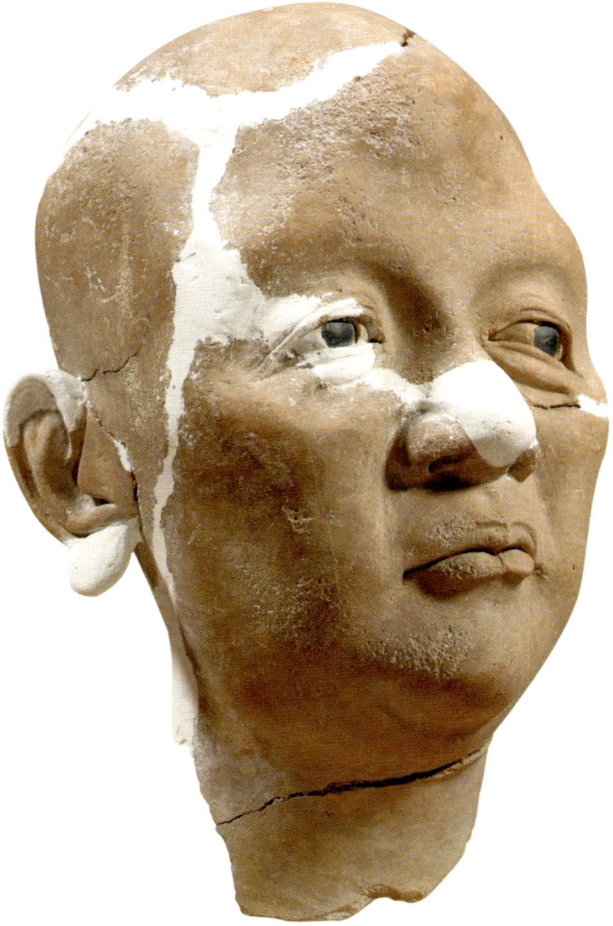

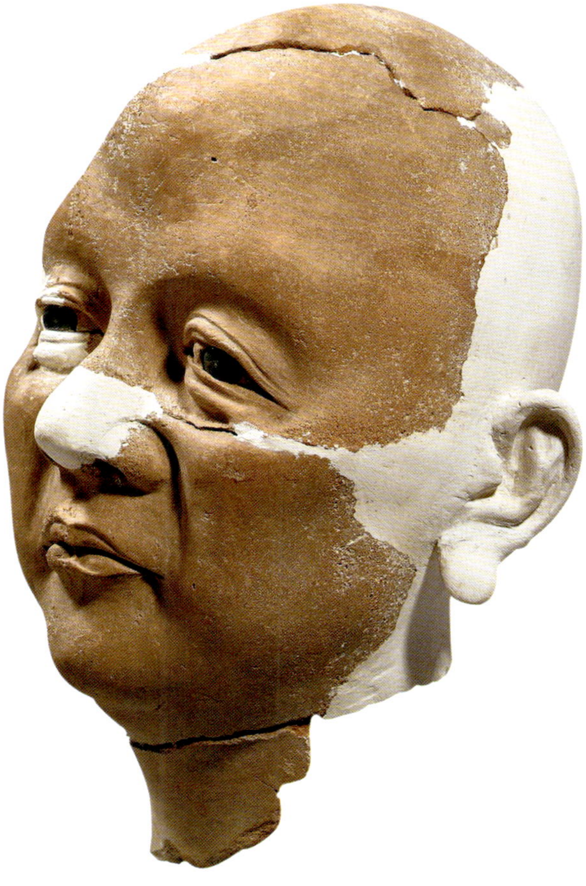

头像

泥塑罗汉头像（TG2④b：136），彩绘，灰色底，红色面。中老年男子形象，高鼻，嘴微张，眉眼低垂，下颌短且内收。右耳至后脑缺失，左眼睑及左耳残缺。残高20、残宽11.4厘米。

头像

泥塑罗汉头像（YT1Q4④b：85），彩绘大部剥落，白色底，红色面。浓眉大眼，狮鼻瞋目，表情威严。眉心、左眼、双耳残缺，后脑缺失。残高18.3、残宽11.7厘米。

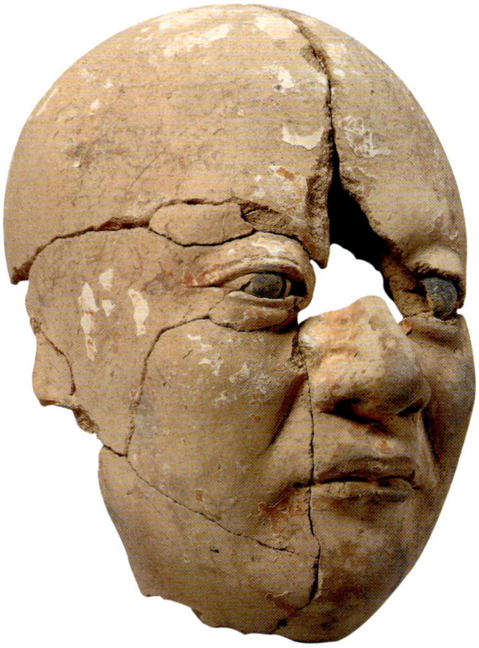

头像

泥塑罗汉头像（TG2③a：7），彩绘，黄白色底，赭石色面。面部较完整，二目圆睁，高鼻，目视前方。左眼略残，双耳及后脑缺失。残高17.7、残宽11.5厘米。

头像

泥塑罗汉头像（YT1Q2③a：167），彩绘，白色底，红色面，红彩仅存于面部右侧，余皆脱落。为一老者形象，面容清瘦，脸上布满皱纹，眼皮低垂，斜视左下方。左耳、下颌残损，右眼至前额、右耳至后脑缺失。残高 17.2、残宽 11.8 厘米。

头像

泥塑罗汉头像（YT1Q4④b：319），素面无彩。高鼻大眼，目视前方，表情庄重。额顶、面部左侧和左眼均已残损，左耳至后脑缺失。残高13.5、残宽12厘米。

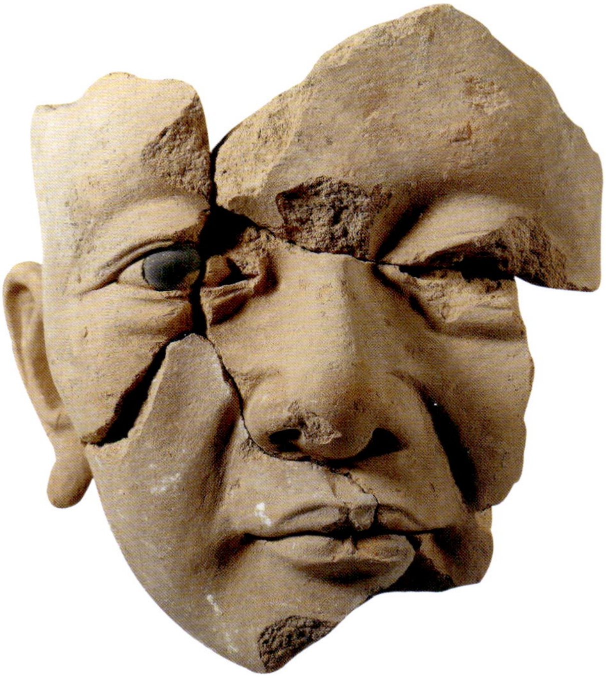

头像

泥塑罗汉头像（YT1Q3④b：23），素面无彩。吊睛悬鼻，嘴微张，眉间有一道竖纹。右眼至右脸颊均残损，双耳至后脑缺失。残高16.9、残宽9.6厘米。

头像

泥塑罗汉头像（YT1Q2③a：1），彩绘，灰白色底，粉白色面。弯眉长目，目光斜视右前方。仅存面部右侧。残高10.4、残宽7.2厘米。

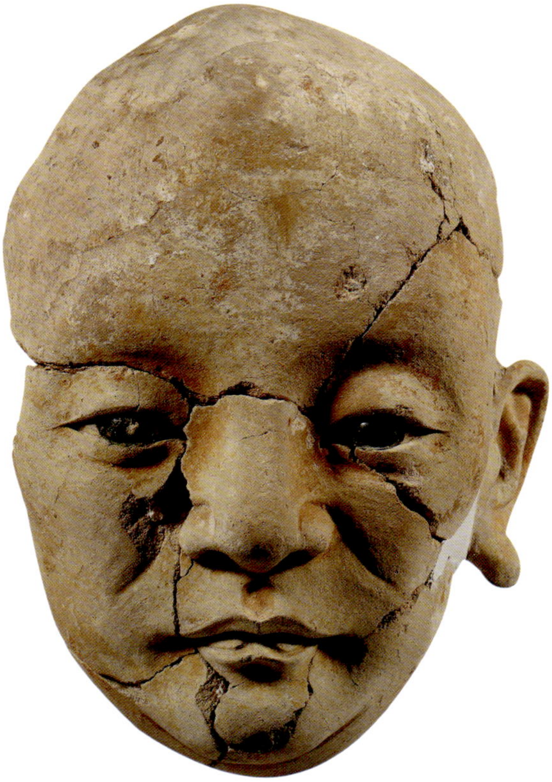

头像

泥塑罗汉头像（YT1Q4④b：1），彩绘，黄白色底，赭石色面。小眼，高鼻，鼻翼两侧有『八』字形法令纹，尖下颌，神色凝重。右耳及后脑缺失。残高17.8、残宽12.4厘米。

头像

泥塑罗汉头像（YT1Q1④b：17），彩绘，黄白色底，粉白色面，眉、须存黑彩。面庞圆润，长眉细目，悬鼻小口，面相慈悲。右侧额头、右眼、右脸颊已残，后脑部分缺失。残高 14.1、残宽 10.3 厘米。

头像

泥塑罗汉头像（YT1Q4④b：566），彩绘，白色底，粉红色面。五官立体，目光睿智，抿嘴，面带微笑。右颊残缺，双耳及后脑部分缺失。高17.5、宽10厘米。

头像

泥塑罗汉头像（YT1Q1④b：222），彩绘，白色底，粉白色面。表情严厉，面庞丰腴，吊眼，小嘴，下颌内收。双耳、后脑缺失。残高18.1、残宽11.1厘米。

头像

泥塑罗汉头像（YT1Q3④b：26），素面无彩，面部保存较好。面容清瘦，眼窝深陷，嘴微张，斜视左下方，表情悲苦。左颊至后脑部分缺失。残高17.2、残宽12厘米。

头像

泥塑罗汉头像（YT1Q3③a：63），素面无彩。狮鼻，嘴大张，露舌，似在呐喊。双眼残缺，后脑部分缺失。残高18、残宽13.1厘米。

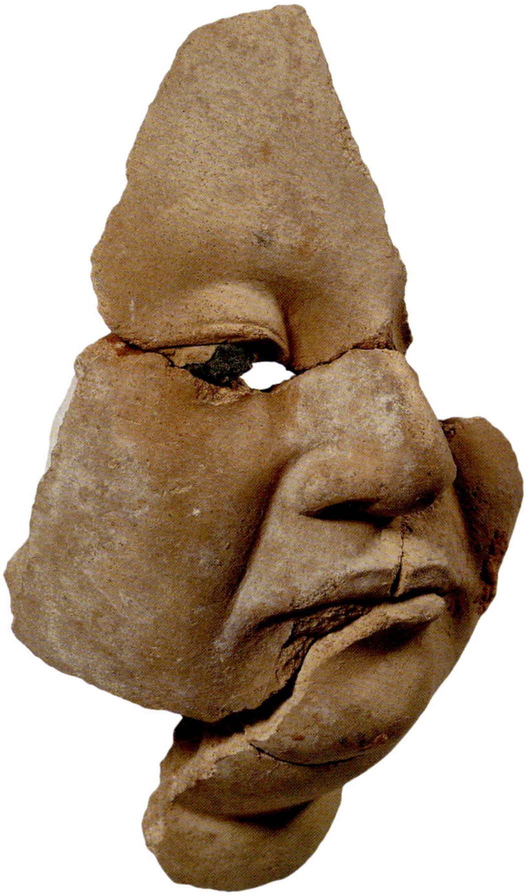

头像

泥塑罗汉头像（YT1Q4④b：520），素面无彩。脸庞宽短，吊睛，高鼻阔口，鼻翼两侧有『八』字形法令纹。仅存面部右侧和左下部。残高17.5、残宽9.5厘米。

头像

泥塑罗汉头像（YT1Q4④b：467），素面无彩。眉骨突出，大眼宽鼻，面部圆润。右眼至上额、双耳至后脑部分缺失。残高14.9、残宽11.5厘米。

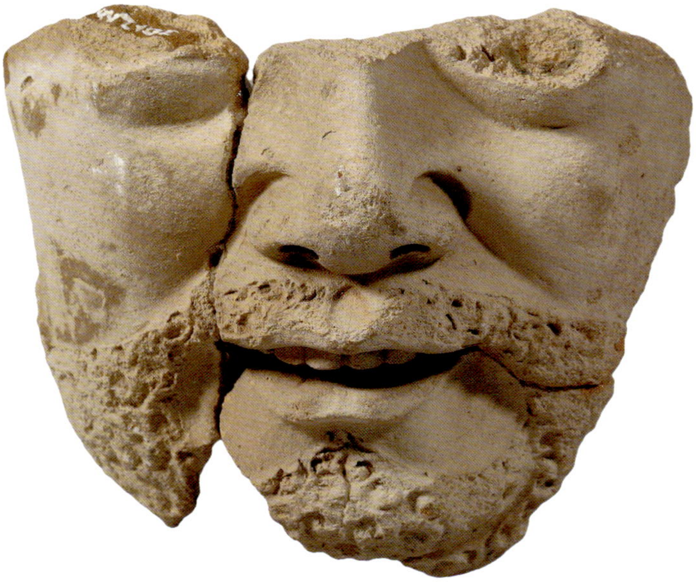

头像

泥塑罗汉头像（YT1Q3②：31），素面无彩。虽然仅存中下面部，仍可看出头像五官立体，高颧骨，鹰钩鼻，嘴微张，面带微笑，其下颌以及两颊有浓密的络腮胡。残高9.5、残宽10厘米。

头像

泥塑罗汉头像（YT1Q4④b：30），素面无彩。虽然仅存中下面部，双眼残损，仍可看出头像为大眼狮鼻，高颧骨，尖下颌，脸部皱纹较多，嘴唇上下均刻划短弧线以表现胡须。残高10.5、残宽10.7厘米。

头像

泥塑罗汉头像（YT1Q3③a：94），素面无彩。脸部线条柔和，容貌秀美，大眼睛，双眼皮，目光投向右侧。左下颊、双耳及后脑部分缺失。残高16.5、残宽10.4厘米。

头像

泥塑罗汉头像（YT1Q3③a：125），素面无彩。虽然仅存面部左侧，且眼部残缺，仍可看出人像容貌端正，鼻梁高挺，仪态雍容。残高13.1、残宽10.8厘米。

手部残块

泥塑罗汉手部残块（YT1Q4④b：114），彩绘，土红色面，内芯有铁棍作为骨架。双手作抱拳状，左手在外，右手在内。左手拇指、食指和右手拇指略残。残高7.6、残宽8厘米。

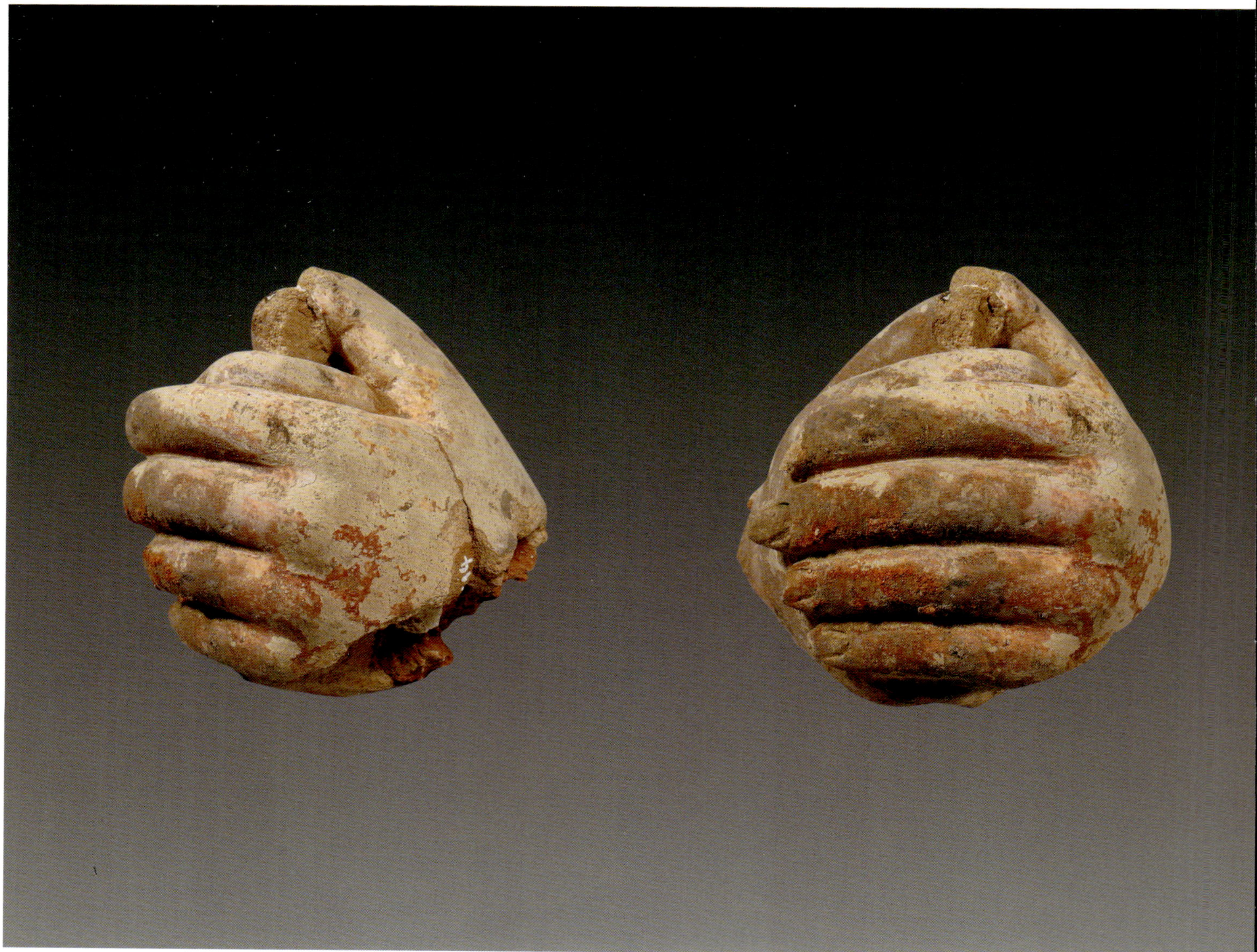

手部残块

泥塑罗汉手部残块（TG4③a：24），灰白色底，粉色面。双手合十，大拇指均缺失。残长8.7、残宽5.4厘米。

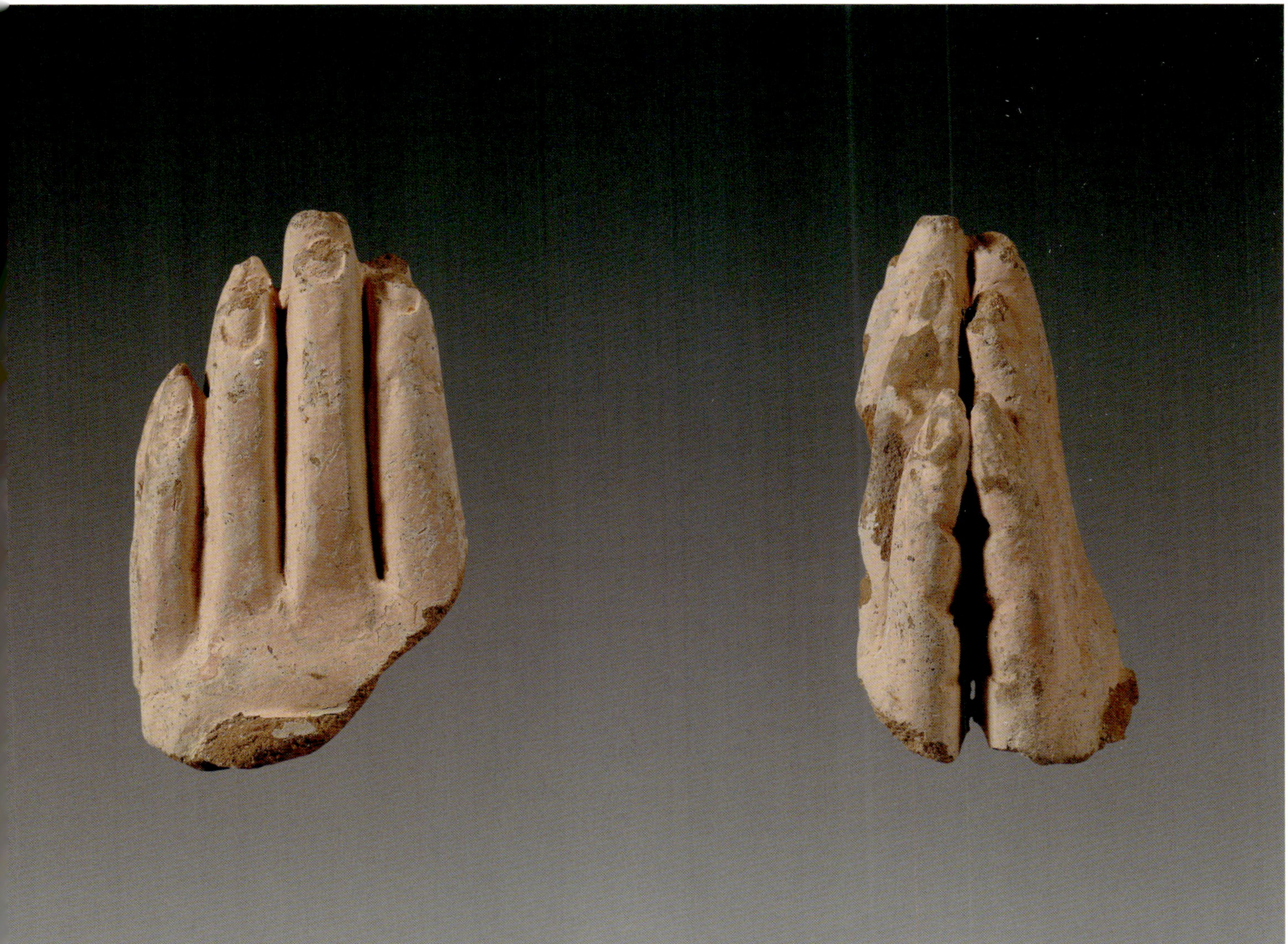

右手残块

泥塑罗汉右手残块（TG4③a：12），彩绘，灰白底，粉白色面。五指握拢处有一孔。残长10、残宽6.2厘米。

右手残块

泥塑罗汉右手残块（YT1Q4④b：456），素面无彩，掌心处可见细铁棍。拇指轻按食指指中，其余四指半握。食指指尖残缺。残长8.2、残宽5.4厘米。

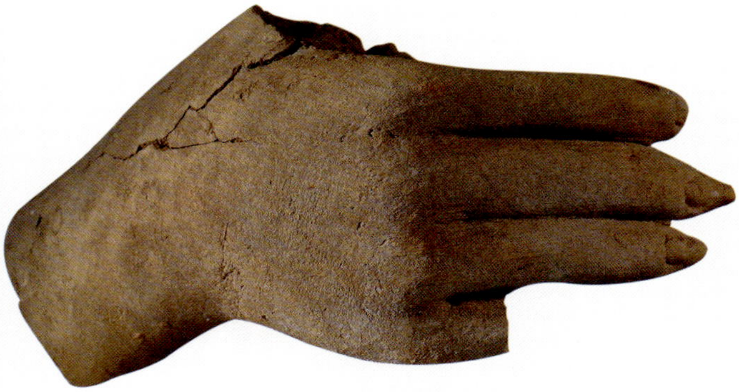

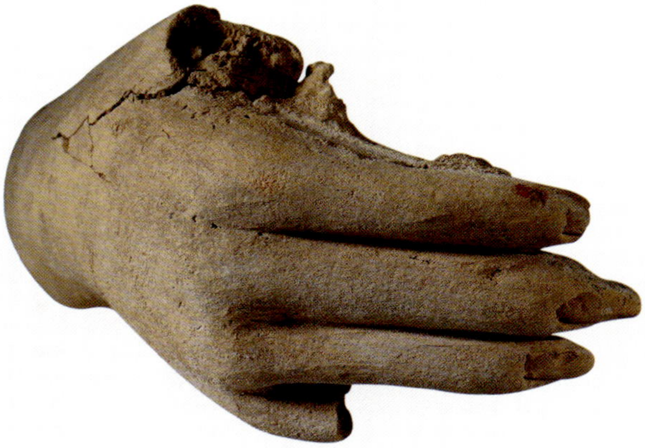

右手残块

泥塑罗汉右手残块（YT1Q4④b：562），素面无彩。手掌弯曲向内，大拇指、小拇指均残缺。残长13.9、残宽7.6厘米。

右足残块

泥塑罗汉右足残块（YT1Q3③a：109），素面无彩。拇指缺失。残长7.5、残宽5厘米。

服饰残块

泥塑罗汉服饰残块（TG2④b：44），白色底，施彩绘，尚存红色、黑色彩绘。仅存胸部以及两侧大臂服饰。残高29、残宽34厘米。

服饰残块

泥塑罗汉服饰残块（TG2④b：159），尚存红色、黑色、肉粉色彩绘。红色衣底上有金色回字纹，肉粉色衣褶上有贴金的花卉纹样，袍子下摆的红色边缘贴金。残高21.8、残宽11厘米。

服饰残块

泥塑罗汉服饰残块（TG2④b：155），尚存红色、黑色、肉粉色彩绘。衣袍上残存红底，上有贴金纹饰，红色上方还有鸟形贴金纹饰。残长17.2、残宽5.5厘米。

鞋子残块

泥塑罗汉鞋子残块（YT1Q3③a：116），素面无彩。仅存鞋的前半部，尖头上翘。残长9.2、残宽4.6厘米。

鞋子残块

泥塑罗汉鞋子残块（YT1Q4④b：242），素面无彩，鞋尖处滴有粉白色颜料。仅存鞋的前半部，尖头上翘。残长7、残宽5.5厘米。

契丹佛光

辽上京皇城西山坡佛寺
塔基出土泥塑

其他泥塑人像

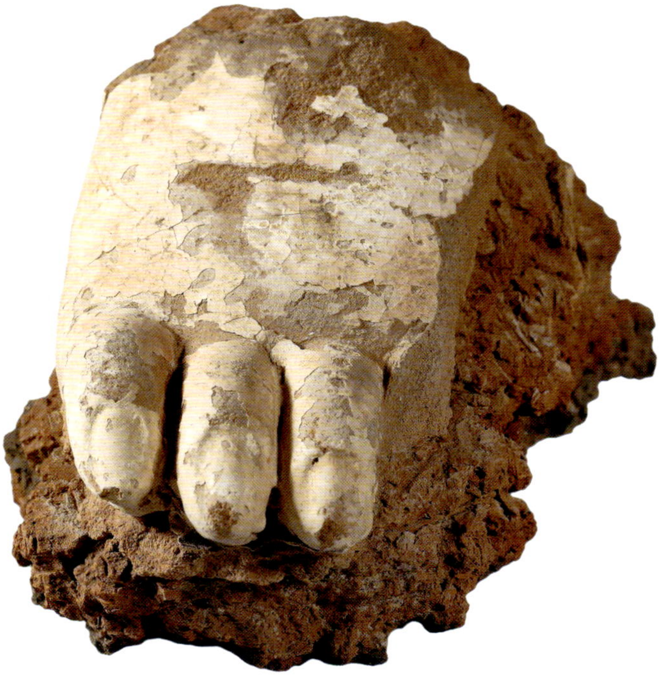

大像右足残块

泥塑大像右足残块（YT1Q1④b：2），彩绘，灰白色底，粉白色面。尺寸大于其他泥塑罗汉像，拇指和食指缺失，足下粘连底座。残高8、残宽10.5、残长13.5厘米。

立像

泥塑人物立像（YT1Q1④b：212），保存较完整，身躯素面无彩，裙及手持之物涂黑彩。面带微笑，头发从额头向脑后披散，在双肩处散开，身体两侧有头发状延伸物，直至脚底。双手捧一黑色罐状物，赤裸上身，露出肚脐，下身着树叶状短裙，双腿并拢，赤脚。高19.8、宽5.7厘米。

辽上京皇城西山坡佛寺塔基出土泥塑

立像残块

泥塑人物立像残块（YT1Q1③a：113），身体表面施粉白色，服饰涂黑彩。仅存上半身，头发披散于肩，上身赤裸，双手拱于胸前。下身似着衣物。残高10.3、残宽6.1厘米。

头像

泥塑人物头像（YT1Q2③a：126），素面无彩。头戴高冠，喜笑颜开，眼睛眯成一条缝，咧开大嘴，露出牙齿。左耳缺失，右耳残损，颈部有圆孔。残高6.8、残宽3.9、孔径0.5厘米。

头像

泥塑人物头像（YT1Q1④b：208），彩绘，黄白色面。戴幞头，眼睛细长上挑，宽鼻厚唇，下颌蓄须。双耳残缺，颈部有圆孔。残高8.2、残宽4.4、孔径1厘米。

头像

泥塑人物头像（YT1Q1④b：247），彩绘，白色底，土红色面，束发为黑彩。小眼微挑，鹰钩鼻，人中的凹窝明显，抿嘴。颈底有一圆孔。残高7.6、残宽4.6、孔径0.8厘米。

头像

泥塑人物头像（YT1Q3④b：1），素面无彩。平顶，面部扁平，塌鼻梁，眼间距宽，法令纹和人中明显，厚嘴唇。颈部有一圆孔。残高6.6、残宽4.9、圆孔径0.5厘米。

头像

泥塑人物头像（YT1Q1④b：44），彩绘，粉红色面，眼球涂黑。头顶束发，微胖，面容苍老，额头、眼角和嘴角均有皱纹，双眼皮，目光向下，面带微笑。右下颊残损。高13、宽7.5厘米。

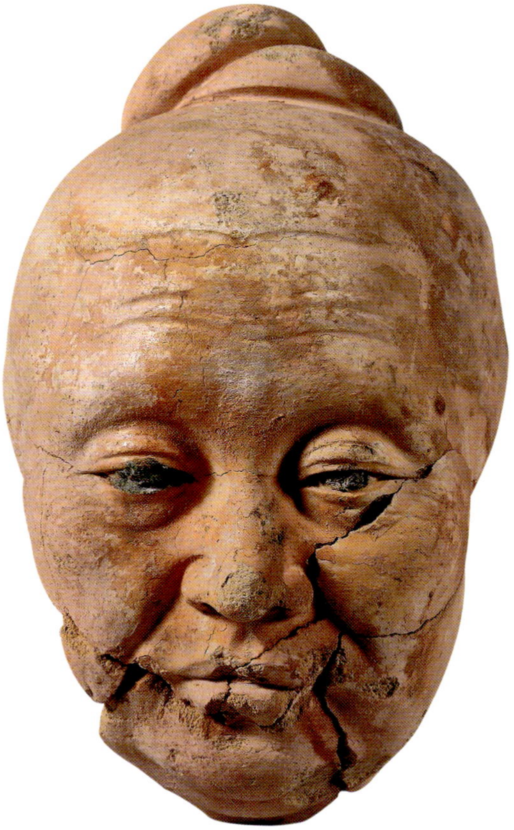

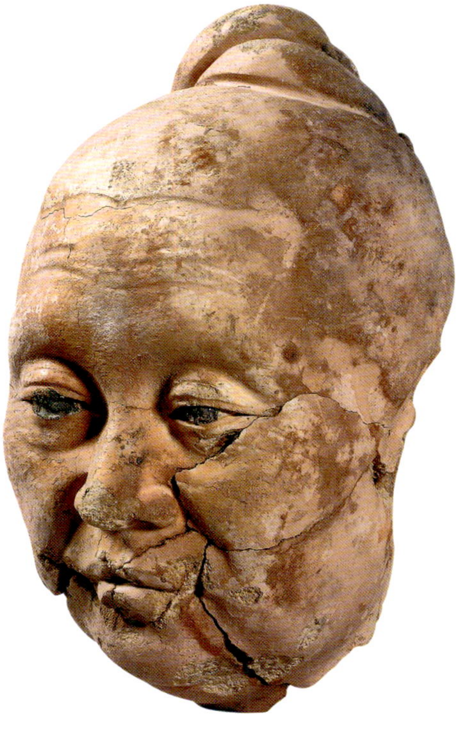

头像

泥塑人物头像（YT1Q2③a：51），素面无彩。头顶束发，睁一只眼闭一只眼，鼻孔外翻，龇牙咧嘴，表情滑稽。残高6.1、残宽3.9厘米。

头像

泥塑人物头像（YT1Q1④b：215），彩绘，土红色面。光头，大脑门，长圆脸，造型简练。颈部有圆孔。残高7.5、宽4.1、孔径0.6厘米。

头像

泥塑人物头像（YT1Q1④b：12），彩绘，粉白色面。头梳双髻，刻划出根根发丝，眉清目秀，面带微笑。鹅蛋脸，弯眉，细长眼，鼻梁高挺，人中下凹，嘴角翘起。头像颈部有长方形竖孔。残高10.5、残宽5.6、孔径1～1.7厘米。

头像

泥塑人物头像（YT1Q4④b：469），素面无彩。头梳双环髻，面带微笑，容貌已经模糊。颈部有孔，孔内插铁棍。泥塑部分残高7.1、残宽4.6厘米。

头像

泥塑人物头像（YT1Q4④b：579），彩绘，白色底，粉红色面。头戴冠，细目薄唇，容貌清秀，目视前方。面部右侧残损，颈部有竖孔。残高 12.5、残宽 8.3、孔径 2 厘米。

头像

泥塑人物头像（YT1Q4④b：441），素面无彩。为一婴孩形象，光脑壳，额前垂下一绺头发，脸庞圆润，眉眼紧凑，憨态可掬。残高4.1、残宽3.2厘米。

立像残块

泥塑人物立像残块（YT1Q1④b：163），素面无彩。头佚，上半身保存较好，双手残缺。双手合于胸前，交领左衽。颈部有孔。残高10.4、残宽6.7、孔径1.1～1.3厘米。

立像残块

泥塑人物立像残块（YT1Q1④b：196），胸腹部为灰白色底，粉色面，褐色袍服上残留黑彩。身穿长袍，袒胸露腹。头、双肩、左臂、右手以及背面缺失。残高27、残宽13.2厘米。

手部残块

泥塑人物手部残块（YT1Q1④b：67），手部肉色，衣袖为白色底，红色面。仅存双手合十以及一段左臂衣袖。残高9.9、残宽7.1、手长约6.6厘米。

契丹佛光

辽上京皇城西山坡佛寺
塔基出土泥塑

泥塑动物

猴坐像

泥塑猴坐像（YT1Q1④b：76），土红色面，背部残有黑彩。四肢残断，低头。残高8.9、残宽4.4厘米。

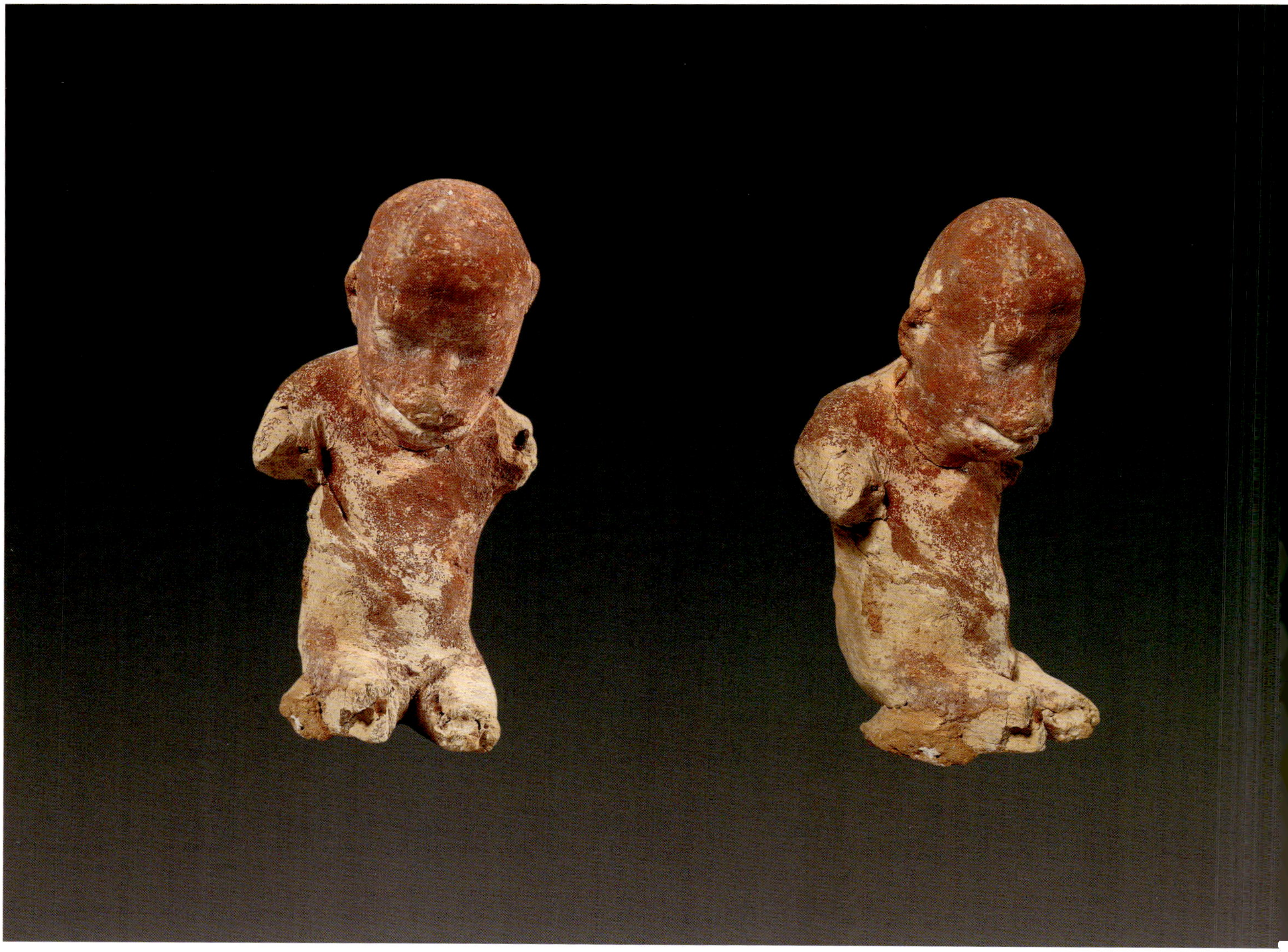

猴首

泥塑猴首残块（YT1Q4②：4），素面无彩，面中部有灰色流淌颜料。猴脸较长，刻画生动。残高4.3、残宽3厘米。

猴首

泥塑猴首残块（YT1Q2②：14），素面无彩。残高4.4、残宽2.9厘米。

猪首

泥塑猪首残块（YT1Q4④b：54），素面无彩。四肢残缺，仅余部分猪头。猪头向左侧微转，长吻，露獠牙。身体下方有固定四肢的孔洞。残高7.6、残长16厘米。

猪身

泥塑野猪残块（YT1Q4④b：330），吻部和四肢残缺。耳朵贴于头部两侧，鬃毛直立，身躯结实肥厚。腿内有铁棍作为骨架。残高9.3、残长15.6厘米。

鸟兽首

泥塑鸟兽首残块（YT1Q4④b：449），素面无彩。吻部突出。颈部有孔。残高7.5、长7.2、孔径0.8厘米。

兽首

泥塑兽首残块（TG4④b：16），吻部前伸，二目圆睁。残高4.2、残长6.3厘米。

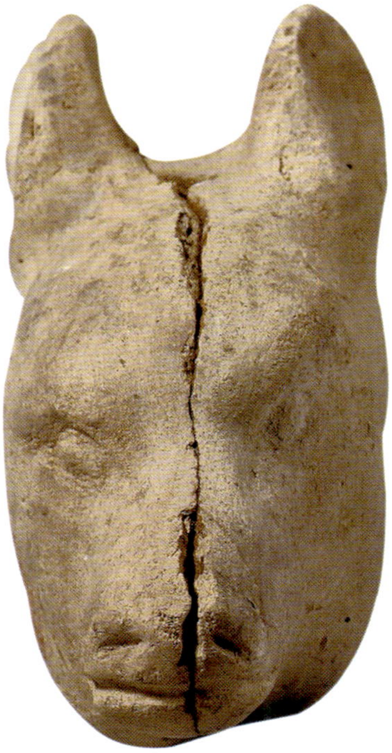

兽首

泥塑兽首残块（TG2④b：37），素面无彩。大耳向后斜立，吻部突出，在两颊刻划动物毛发。残高5.3、残长6.9厘米。

兽首

泥塑兽首残块（YT1Q4④b：561），素面无彩。大耳向后斜立，吻部突出且尖细，前端有一对鼻孔，嘴部横贯一圆形穿孔。残高6.5、残长7.2，穿孔径0.3厘米。

兽爪

泥塑爪尖残块（TG3④B：28），彩绘，爪尖涂成白色，趾部残留黑彩。残长8.5、残宽3.3厘米。

契丹佛光

辽上京皇城西山坡佛寺
塔基出土泥塑

泥塑塔

塔残块

泥塑塔残块（YT1Q4④b：523），素面无彩。塔座为须弥座，六角形塔身，五级密檐，塔刹存仰莲刹座，上部残损。塔身正面底层有一门，呈水滴形。正面凸起，侧面平直，体内中空，可能是贴在建筑的外立面上。残高36.5、残宽11厘米。

塔残块

泥塑塔残块（YT1Q4④b：555），其形制与YT1Q4④b：523近同，塔身底层和密檐均存有彩绘。塔座为须弥座，六角形塔身，五级密檐，塔刹存仰莲刹座，上部残损。塔身正面底层有一门，呈水滴形。正面凸起，侧面平直，体内中空，可能是贴在建筑的外立面上。残高37、残宽12.2厘米。

60
51
35

契丹佛光

辽上京皇城西山坡佛寺
塔基出土泥塑

其他

饰件

泥塑球形饰件（YT1Q1④b：35），圆球形，周身有八道凸棱。一端有帽形凸起，另一端有孔，可见残断的铁丝。高1.3、宽1.2厘米。

饰件

泥塑桃形饰件（YT1Q4④b：229），素面无彩。

桃子形状，底部残损。残高6.5、残宽6.2厘米。

契丹佛光

辽上京皇城西山坡佛寺塔基出土泥塑

后　记

辽上京遗址是全国第一批重点文物保护单位，是中国“百年百大考古发现”之一。2022年12月，辽上京遗址成为内蒙古自治区首家国家考古遗址公园。

西山坡遗址位于辽上京皇城遗址西南部，地处自然高地之上。遗址占地面积大，地表遗迹清晰可见，但建置性质不详。有学者认为是佛寺遗址，也有学者推测是辽代早期宫殿遗址。不论西山坡遗址是佛寺还是宫殿，其院落占地范围广，单体建筑规模体量大，且所处位置居高临下，因此在辽上京皇城的规划布局中具有重要地位。中国社会科学院考古研究所和内蒙古自治区文物考古研究所联合组成辽上京考古队，于2012年对该遗址进行考古发掘。根据发掘资料可知，这是一处辽金时期的高等级佛教寺院。由于西山坡佛寺遗址考古工作精细化程度高，塔基遗迹现象特殊而且保存较好，出土泥塑像珍贵，它被国家文物局评为“2012年度全国十大考古新发现”。

辽上京皇城西山坡佛寺塔基出土的泥塑地层关系明确，保存较好，造型生动。考古资料一经公布，就得到了考古、历史、美术等方面学者的广泛关注。集中出土的6尊较完整的泥塑像，于2012年整体套箱提取到中国社会科学院考古研究所文化遗产保护中心，由李存信副研究员团队进行实验室考古清理和拼对修复工作。鉴于修复对象的特殊性，经郑岩教授引荐，中央美术学院雕塑系张伟主任以及李立钊、刘龚、刘梦婷、王君意等研究生参与到泥塑像的拼对修复工作中，大幅提升了修复的科学性、准确性与效率。该项工作持续时间长，碎片数量庞大，修复难度高，经过合作团队长达六年的艰苦工作，取得了良好成果，曾获得中国考古学会文化遗产保护专业委员会首届“考古资产保护金尊奖”。在实验室考古工作过程中，我们曾与浙江大学文化遗产研究院李志荣教授团队合作，对修复的6尊泥塑像等标本进行了数字化资料采集和摄影工作。

2019年9月，修复后的泥塑像标本运回到巴林左旗博物馆。同年10月，由中国社会科学院考古研究所主办的“辽上京城出土泥塑像专题研讨会”在巴林左旗博物馆召开。中国社会科学院考古研究所李裕群研究员、李存信副研究员，浙江大学文化遗产研究院李志荣教授，中央美术学院雕塑系张伟副教授，加拿大不列颠哥伦比亚大学（UBC）美术史系曹星原教授，上海古籍出版社吴长青副总编辑等专家应邀参会。与会学者对西山坡佛寺遗址和出土泥塑像的时代特点与学术价值进行了讨论。时任巴林左旗人民政府孟和达来旗长出席了研讨会，对辽上京遗址出土重要文物的出版发表一事十分重视，并给予切实的经费支持。由于考古报告的编写周期较长，为尽早公布资料，我们决定对保存较好、已完成修复的泥塑像进行集中整理和标本挑选，先行出版部分泥塑像图录。

本图录编写工作由中国社会科学院考古研究所董新林、汪盈、岳天懿负责，后续标本修复由中国社会科学院考古研究所内蒙古第二工作队于忠昌、张林、陈小云等完成，标本图版由中国社会科学院考古研究所内蒙古第二工作队张晓强拍摄完成，中国社会科学院大学博士研究生陈泽宇和中央美术学院研究生王君意参与了标本修复、挑选和文字整理、编写工作。

感谢文物出版社郑彤女士对本图录出版所付出的巨大努力。感谢巴林左旗人民政府和巴林左旗文化旅游体育局的资助。感谢所有长期对辽上京考古工作给予支持帮助的领导、专家和朋友们。

本书还得到国家社会科学基金重大项目“辽上京皇城遗址考古发掘资料的整理和综合研究”（项目编号 20&ZD251）、国家社会科学基金一般项目“辽上京皇城西山坡佛寺遗址考古发掘资料的整理与研究（2020—2021）”（项目编号 24BKG019）、中国社会科学院考古研究所创新工程项目“辽上京遗址考古发掘和研究”（项目编号 2024KGYJ011）、中国社会科学院“长城学者计划”（项目编号 2024CCXZ014）、中国社会科学院登峰战略资助计划优势学科“汉唐考古”（项目编号 DF2023YS14）的资助。

编　者

2024 年 10 月 28 日